42 Km bis
zum Sieg

Danksagung

Ich möchte mich bei Roland bedanken, dass er an mich geglaubt hat. Die tröstenden Worte waren besser als jede Massage. Dafür, dass er all diese schweren Monate mich begleitete und mir die Wege zu den Wettkämpfen geebnet hat.
Uwe, dass er mir treu zur Seite gestanden hat, mich immer zu den einzelnen Läufen begleitet hat und mir mit Power Snacks neue Energie gegeben hat.
Ingo, dass er mich nach vorne getrieben hat und mit Humor und aufmunternden Worten geholfen hat mein Ziel zu erreichen.
Mein Dank auch all den anderen, die mir in der Vorbereitungszeit zu Seite gestanden haben.

Herstellung und Verlag:
Books on Demand GmbH, Norderstedt
ISBN: 978-3-8370-0884-5

Sicherlich werden Sie sich wundern, warum ich Ihnen von diesem einzigartigen Erlebnis berichten möchte?
Für jeden der mich gefragt hat, warum hast du das getan?
Was hat es dir gegeben?
Und hattest du Spaß dabei?
Das ist eine spannende und lustige Lektüre für jeden.

Marathon – ein Erlebnis, was das Leben verändert.
Einmal die legenderen 42,195 Kilometer zu bewältigen.
Einmal Marathon laufen, ich hatte davon zu Träumen gewagt.

Einmal dabei zu sein den Moment des Gefühls zu siegen,
den Triumph über sich selbst das Ziel zu erreichen was man sich gesetzt hat, die Krönung eines Läuferlebens.

Aber kann ich das überhaupt schaffen?
Wie lange muss ich mich dafür vorbereiten?
Ich will meinen Traum erleben und es in Angriff
nehmen ihn zu verwirklichen.

Wenn Du Laufen willst, dann lauf eine Meile.
Wenn Du ein neues Leben kennen lernen willst,
dann lauf einen Marathon.

Was kann man dazu sagen?
Training, Training und nochmals Training, dann
leiden,
der Körper schmerzt man lernt jeden einzelnen
Teil seines Körpers kennen,
der Tag kann nie lange genug sein und kurz bevor
der Lauf ist, die Zweifel, die Angst vor dem
Ungewissen, das Gefühl nicht alles gegeben zu
haben und die Freude, dass man es doch schaffen
kann.

Der Lauf:

Mitten in der Nacht ging es los, ich würde bestimmt nicht schlafen können und sehr aufgeregt sein, dachte ich. Aber ich legte mich ins Bett und nachdem ich Rolands ruhigen, gleichmäßigen Atem vernahm, wusste ich dass er eingeschlafen war. Auch er war sicherlich aufgeregt, aber er glaubte an mich.

Eine Hand an Sammy und die Entspannung konnte beginnen.

„Du wirst den Lauf schaffen, glaub an dich und deine Energie. Denk an das harte Training und was du bis jetzt erreicht hast. Du schaffst es."

Ich merkte wie ich mich entspannte und kurz darauf schlief ich ein.

Um zwölf wurde ich wach und musste auf Toilette. Es zeigte sich, dass ich dem Verhaltensmuster zugestimmt hatte und viele Mengen an Flüssigkeit in mich hinein geschüttet hatte.

Beim Aufstehen, der erste Gedanke Marathon !!! Nachdem ich am Abend viel Wasser getrunken hatte, machte sich das nun bemerkbar. Schnell wieder ins Bett und in Ruhe schlafen, wo es doch so schön warm war.

An Sammy gekuschelt schlief ich schnell wieder ein. Mein lieber Hund, der bei uns im Bett schlief, war eine wunderbare Heizdecke.

Was für ein nervendes Geräusch, dachte ich. Das war das Klingeln des Weckers. Ich hatte keine Lust aufzustehen, ich wusste, dass es der Tag der Tage war. Aber ich wollte nicht, ich wusste nicht was mich erwartete.

Wer will da schon aufstehen?

Anstatt um halb fünf bin ich um fünf aufgestanden. Roland, der kurz nach mir aufgestanden war, versuchte mir aus dem Wege zu gehen. Normalerweise bin ich immer sehr nervös, aber an diesem Tage war es anders.

Ich lachte und bat ihn mich einzukleben. Am Abend davor hatten wir eine alte Jogginghose von Roland und ein altes T-Shirt von mir, an den Nähten durchgeschnitten. Und nun klebte er es an meinem Körper fest. Ich sah aus wie die Vogelscheuche aus dem Märchen. Überall hatte ich nun Klebestreifen, aber es erfüllte seinen Zweck. So konnte ich mir am Start zügig die Sachen vom Leib reißen.

Silvio klingelt, wieder einmal sehr pünktlich. Er musste schmunzeln als er mich sah. „Aber du gehst doch zum Marathon, oder?" Mit seiner Hilfe klebte Roland die letzten Klebestreifen ran.

So nun war Sammy unten, ich war beklebt und hatte ein Honig Brötchen gefrühstückt, was jetzt noch fehlte war Uwe. Ich hatte eigentlich noch Hunger, was sehr ungewöhnlich war. Anstatt Nervosität, nun Hunger ?

Also nahm ich einen Riegel zu mir.
Noch ein letzter Check, Slip, Strümpfe, Top, Hose,
Turnschuhe, Champion Chip, T-Shirt,
Schweißband, Uhr, MP3 Player, Kopfhörer, Tuch.
War da auch ein Doppelknoten in den
Schnürsenkeln?
Waren die Batterien in der Gürteltasche?
Hatte ich genug Riegel in der dabei und auch das
Gel, das mich ab dem 30.Kilometer helfen sollte?
Nachdem die Gürteltasche zum zehnten überprüft
worden war, wurde Silvio erklärt wo sich was im
Rucksack befand und wann er es wo am besten
reichen sollte. Damit er nebenbei aber auch schöne
Fotos machen konnte, wurde ihm auch noch der
Fotoapparat erklärt.
Roland überprüfte die Video Kamera, die er sich
von seinen Bruder geborgt hatte. Extra ist er dort
hingefahren und nun wollte er meinen Lauf ins
neue Leben mit aufnehmen.
War alles bereit?
Verdammt wo blieb Uwe, er war doch sonst immer
pünktlich?
Das Telefon klingelte und Uwe meldete er sei
unten.
So nun los!!!!
Sammy bekam einen dicken Kuss und ich wollte sie
nicht los lassen.
Noch einmal wurde alles kontrolliert.

*Ich war noch immer nicht nervös, sollte es noch
kommen?*

*Wir begrüßten Uwe und erklärten ihm, dass wir in
die Schönhauser Allee und dann weiter mit der U-
Bahn, zum Start fahren wollten.*

*Uwe meinte zwar dass wir doch weiter ran fahren
könnten, aber das wollte ich nicht. Nach Olaf
seinen Erklärungen, wie es letztes Jahr beim Start
war, wollte ich nicht zu spät dort ankommen.*

*Also wie es geplant war, zur Schönhauser und
weiter mit der U-Bahn.*

*Alles war entspannt und fröhlich, ich war
glücklich, dass alle dabei waren und das ich
endlich starten konnte. Endlich konnte ich es mir
beweisen, ich hatte Acht Monate Training hinter
mir und nun würde es endlich soweit sein.*

*In der Friedrichstrasse angekommen machten wir
uns auf dem Weg zum Start. Was für eine Menge
an Menschen, in der U-Bahn waren, Menschen
mit Start Nummern und Lauf Sachen. Einige
sahen angespannt aus und die anderen schwatzten
munter mit ihren Lauffreunden oder Partnern.*

*Die Nerven meldeten sich zu Wort, ich war eine
von den Läufern.*

*Also mit solchen Gedanken kam ich aus der Bahn.
Was war das denn nun?*

Regen, zwar nur leichter Nieselregen aber Regen.
Scheiße, was mache ich denn nun ich hatte mich
auf das Wetter eingestellt, aber ich wollte nicht das
es. Aber nun war der Regen auch noch stärker
geworden. Unter Uwes Schirm lief ich nun mit
Zweifeln in Richtung Start.
Ich wusste wo sich was befand, wie ich hinkommen
würde und ich hatte Zeit. Alles würde gut werden,
wenn das auch stimmt.
Wir kamen zum Zaun wo ich mich normalerweise
von meinen Leuten verabschieden musste. Denn in
diesen Bereich sollten nur die Läufer rein. Aber
das wollte ich nicht und so konnte ich alle drei rein
schmuggeln.
Was sollte jetzt kommen, ja der Kleider LKW.
Wie eine Familie Enten gingen wir zu dem LKW
Nummer 10. Es waren so viele Läufer, es war
kaum durch zu kommen, aber wir hatten es
geschafft, Wagen Nummer 10. Mit einen „Hallo"
begrüßte ich die Helfer die im Wagen waren. Hier
sind nun meine Sachen und nachher nachdem ich
ins Ziel angekommen bin hole ich sie wieder ab.
Aber mit einen klaren „Nein" hier sind sie falsch,
bin ich abgewiesen worden. Und nun wo sollte ich
hin, ja dann müssen sie nach hinten, aber wo
genau weiß ich auch nicht – sagte die Frau.
Oh nein wohin soll ich gehen, also wieder zu den
Tafeln. An diesem stand Wagen 86 sollte es sein.

Und wieder im Gänsemarsch hin, „Hallo bin ich hier richtig". Na klar immer her damit.
Gut das wäre erledigt, die Sachen waren weg. War da alles dabei gewesen?
Wechsel Hose, Wechsel T-Shirt, Unterwäsche, und und und.
Nun weiter zum Start Block H, dort waren die ganzen Anfänger und die, die länger als vier Stunden laufen würden.
Da ich auf der Läuferbeilage gesehen hatte wie groß der Startblock sein würde, wollte ich ganz nach vorne, na ja nicht ganz aber in die Richtung.
So, es war jetzt kurz nach acht und wir waren fertig.
Ich wurde langsam gespannt, nun sollte es gleich soweit sein.

Ich sollte mit 36000 Läufern den 31. Berlin
Marathon am 26.09.2004 laufen.
Acht harte lange Monate, mit Krankheit, Freude,
Zweifel, Erschöpfung und Aufgeben, dass sollte es
nun gewesen sein.
Uwe und Silvio machten Fotos, Roland filmte und
ich versuchte mich abzulenken.
Dann hörte man den Start der Rolli, die um 8:40
starten. In der Zwischenzeit hatten sich viele
Läufer aufgestellt und die Erwärmung hatte
begonnen.
Sollte ich mit machen?
Na kann ja nicht schaden, die Arme kurz nach
rechts und links, die Beine etwas vor und zurück,
dass sollte reichen.
Ich hatte mir anschließend einen weißen
Luftballon vom Gitter abgemacht, die an der
Absperrung fest gemacht worden waren.
Kurz vor dem Start ließen alle Läufer ihren Ballon
fliegen und ich war kurz vor den Tränen. Es war
ein rührender Anblick, als wenn sich alle
Anspannung auflösen würde.
Mit Leichtigkeit und Eleganz flogen sie in den
Himmel.
Alle klatschten und lächelten sich an, jeder hatten
einen Traum und die Möglichkeit sich ihn hier
und heute zu erfüllen.

Ich muss auf Klo, soll ich jetzt gehen oder an der Strecke?

Nach einer mir sehr lange andauernden Zeit hatte ich es mir überlegt, ich gehe jetzt auf die Toilette. Da ich mich mit Rolands Hilfe schon meines Oberteiles entledigt hatte war jetzt nur noch die Hose mir vom Laib zu reißen, aber das würde schon so gehen. Da stand ich nun an der Schlange zu den Toiletten Häuschen und wartete, was machen nur die Leute darin fragte ich mich. Das dauerte bei den meisten ewig und ich wollte doch nur ganz kurz. Eine nette Frau musste mir meine innerliche Panik angesehen haben, dass ich den Startschuss verpassen würde und lies mich vor. Danke für das, noch mal unbekannter weise. Raus aus den Häuschen, wo ich mich normalerweise vor drückte, denn es stank fürchterlich, aber durch die Aufregung bekam ich nicht einmal das mit. Er riss mir die Hose runter und schmiegte sich an mich. Ach, nein das war ja etwas anderes. Also er machte die Klebestreifen ab und zog die Hose weg. Dann bekam jeder ein Küsschen und eine Umarmung und ich drängte mich durch die Umzäumung in den Startblock HHHHHHHH.

Dort stand ich nun und gleich sollte es losgehen.

Es war so kalt, ich rieb meine Hände aneinander.
Der Mann neben mir wünschte mir viel Glück und
das ich gut komme. Naja meinte ich ob ich
überhaupt ankomme wer weiß.
Der Erste was ? Mit Kopf Nicken stimmte ich zu.
Keine Angst die Berliner tragen dich ins Ziel. Mit
soviel guten Ratschlägen und den Tipps von Ecky
(Läufer bei Verein Ron Hill und Bekannter), Lauf
langsam und mach dein Ding, dann kommst Du
an, konnte wohl nichts mehr schief gehen.
Danke versuchte ich zu sagen, aber meine Stimme
klang brüchig und rau, durch die Kälte.

*Um neun Uhr hörten wir den Startschuss für
Block A, dort wo die Profis standen.
Nun hieß es wieder warten, warten und warten.
„Noch fünf Minuten bis zum Start." hörte ich die
Stimme aus den Lautsprechern. In fünf Minuten
war es endlich soweit, dann konnte es losgehen.
Der Startschuss zum ersten Marathonlauf. Ich
konnte es gar nicht richtig glauben, dass ich heute
tatsächlich dabei war. Um mich herum waren alle
auf einmal beschäftigt, sie bereiten sich auf den
Countdown vor. Andere hatten auch alte Sachen
angezogen, oder die von Adidas gesponserten*

Folien an um sich vor die Kälte zu schützen, damit sie nicht auskühlten und diese zogen sie jetzt aus. Es war nicht wichtig wie man aussah, es zählte der Nutzen. Alle diese Sachen flogen über die Zuschauer und manche auch direkt auf die Menschen. Ein ungewöhnliches Bild am Rande standen die Zuschauer dick eingepackt in ihren Mänteln und wir hatten uns fast alles gerade eben ausgezogen.

Der Morgennebel schwebte noch in den Büschen und über die Wiesen.

Dicht stand ich zwischen den Läufer und wartete auf den Startschuss der mich endlich laufen lassen würde und meinen Körper sich endlich wieder erwärmen und endlich erlösen würde. Wir hatten uns alle nur auf diesen Tag vorbereitet, auf den Tag X, den Tag wo jeder seinen Marathon laufen würde.

Ich hörte wie sich hinter mir zwei Männer unterhielten „Ich habe durch eine Verletzung es kaum geschafft zu trainieren, aber ich starte heute trotzdem. Mal sehen wie weit ich komme." Man dachte ich mir, wer startet den mit kaum Training in einen Marathon? Es war wieder so ein Spinner der Tiefstapler. Aber wie bei jeder anderen Veranstaltung waren auch hier alles Invaliden die nur mal so mit liefen.

Noch zwanzig Sekunden, ich hörte die Motoren der Hubschrauber die über uns kreisten. Alle sprachen durcheinander, es war schwer für mich dabei meine Konzentration zu finden. Es kribbelt über all. Alles in mir war zum zerreisen gespannt. Ich schaute kurz zu Roland ein Lachen und ich war in Gedanken schon weit weg.

Der Countdown wurde runter gezählt „zehn, neun, acht,..." alle zählten mit.

Dann war es soweit, um 9:20 Uhr knallte es aus der Kanone es war unser Startschuss.

Jetzt konnte ich zeigen was in mir steckte und dass ich ein acht Monate hartes Training hinter mir hatte.

Kilometer 1

Die letzten Ballons flogen in die Luft und ich spürte das Knistern in der Luft. Ich hatte keine Angst mehr, ich wollte laufen.

Jeder Schritt den ich tat verflog meine Aufregung, keine zitternde Hände und Knie mehr, sondern die Freude mit all den anderen Menschen bei diesem großen Event dabei sein zu können.

So lief ich oder besser gesagt ich versuchte ein Fuß vor den anderen zu setzten, weil es so viele Läufer waren. Wie eine Welle bewegten sich die Läufer erst die vorne dann wir. Vorne hörte ich das Piepsen, was anzeigte dass die Zeit am Start genommen wurde. Nun war ich mit meinem Schuh

*auf diese rote Matte getreten und meine Zeit
wurde jetzt genommen. Ich hatte am Schuh einen
gelben Chip, der eine Nummer hatte. Diese
Nummer wurde durch betreten des Teppich – der
roten Matte elektronisch übertragen, so konnte
meine Nummer ausgewertet werden und meine
Zeiten und Zwischenzeiten aufgenommen. Von
nun an lief meine Zeit, ich sagte mir zwar, dass ich
nicht wegen der Zeit liefe, aber unter sechs
Stunden wollte ich schon bleiben. Ach wichtig war
ankommen.*

*Nun lief ich erst mal meinen ersten Marathon.
Meine Hand ballte sich zur Faust und ich sagte zu
mir ja du kannst es schaffen. Los ging es auf die
unvorstellbare Strecke.*

*Den ersten Kilometer hatte ich schon hinter mir,
wie schnell es doch ging. Sollte ich schneller
Laufen?*

Kilometer 2

*Nein, hielt mich meine innere Stimme ab. Ich
dachte daran was alle Profis mir geraten hatten,
lass es langsam angehen und nach den dreißig
Kilometer kannst du beschleunigen. Also trotte ich
weiter in meinen Trott, nicht schnell aber im
Bereich den ich mir gesteckt hatte. Vorbei an der
Siegessäule und ich wusste der erste war geschafft.
Ob ich mal auf die Uhr schaue, oder lieber nicht
aus Angst, dass meine Zeit schlecht sein würde.*

Wie ich gedacht habe, der Blick auf die Uhr bestätigte meine Vermutung, ich war nicht im sieben Minuten Schnitt ich war acht ein halb Minuten für den ersten Kilometer unterwegs. Ich konnte auch nicht am Rande entlang laufen, weil dort überall Zuschauer standen, also lief ich das ruhige Tempo weiter. Die Zuschauer veranstalteten ein Riesen Spektakel durch ihren Applaus.

Der nächste Kilometer, war kaum wahrnehmbar und so schnell wie er kam ging er auch vorbei. Das Feld zog sich auseinander und jeder konnte fast seinen Schritt finden. Einige riefen meinen Namen „los Manu gib alles" wir waren eine Gemeinschaft und hatten alle das gleiche Ziel. Alle wollen sich beweisen, dass sie die 42.195 Kilometer schaffen können. Die Leute die mich riefen hatten meinen Namen auf meinen Rücken gelesen. Ich hatte mir ein Schild auf den Rücken geheftet. Aber jeder von uns Läufern musste seinen Weg alleine zurücklegen. Jeder muss seine Füße alleine heben und seinen Willen alleine steuern.

Kilometer 3

Am Ernst-Reuter-Platz vorbei und ich wusste nun nahm ich den 3. Kilometer in Angriff. Ich merkte langsam, dass es nicht so ganz rund lief, aber das konnte mich nicht aufhalten. Aber die Gedanken wurden ganz schnell zur Seite geschoben, ich freute mich dabei sein zu können.

*Was hatte ich nicht alles auf mich genommen,
alleine die Krankheiten die ich hatte. Da waren die
zwölf Operationen die ich hatte, dann diese
nervenden Allergien – kaum hatte ich mal einen
guten Tag ohne Schmerzen oder einen Anfall der
mich völlig aus der Bahn warf.*

*Wenn das nicht war trieb ich mich dauernd bei den
Ärzten rum, erst die schmerzenden Knie, dann die
Leiste die mir jeden Spaß am Laufen nahm. Wenn
ich länger als 10 Kilometer lief, dann fing meine
Leiste sich an zu melden. Das waren dann solche
Schmerzen das ich kaum noch auftreten konnte.
Aber das sollte mich nicht daran hindern weiter zu
machen, ich wollte es mir zeigen. Den extremen
Leistungsabfall den ich im Sommer hatte, konnte
dank Doktor Heepe auf eine Virus Erkrankung
zurückgeführt werden. Wie lange hatte ich gezittert
ob ich überhaupt starten dürfte zum Marathon.
Nach drei Wochen Wartezeit mit Bluttesten,
Laufband, Radtrainer, Sauerstoffgehalt und Viren
Kontrolle wurde mir der Start bewilligt.*

Hurra ich dürfte starten.

*Ich kannte die Gegend, mit Roland hatte ich die
Route im Auto zurückgelegt. Dabei hatte ich mir
einige markante Punkte gesucht wo ich mir sagte,
wenn du das bis hier hin geschafft hast, dann
schaffst du auch den Rest. Die Strecke war schon
vom Auto aus fürchterlich lang, ich konnte mir
noch nicht vorstellen wie man das zu Fuß*

bewältigen konnte. Immer wenn mich jemand anfeuerte oder mir zuwinkte, dann hob ich meine nun langsam werdende kalte Hand zu Gruß und Dank zurück.

Meine Gedanke dazu waren „Hallo hier ich bin dabei ist das nicht der Wahnsinn?" Immer wieder muss ich mich zurück halten um nicht schneller zu werden, denn es sollten noch mehr Kilometer kommen.

Aber ich solle es langsam angehen lassen.

Wie mir diese Gedanken so durch den Kopf gingen war der 3. Kilometer schon hinter mir. Und ich bog nach rechts ab in die Strasse Alt Moabit.

Kilometer 4

Der 4. Kilometer konnte beginnen. Noch immer wurde ich überholt und es nahm kein Ende, alle diese Läufer hatten sich auf diesen Lauf vorbereitet. Bis jetzt lief alles bestens, so konnte es weiter gehen. Noch hatte ich die Hoffnung dass sich das Wetter bessern würde, wenn die Sonne noch kommen würde, dann wäre es bestens. Diesmal war ich zufrieden mit den anderen Läufern, denn bei den vorbereitungs- Wettkämpfen wurde ich immer wieder mit Ellenbogen Stößen und Anschubsen von der Rennstrecke geschoben. Hier beim Marathon hatte ich den letzten Startblock hinten angestellt. So konnte ich sogar den Start und die ersten Kilometer genießen.

Kilometer 5

Kilometer 5 kündigte sich mit einer riesigen Wassermenge auf der Strasse an. Ich hörte wie die Becher auf den Asphalt knisterten, war mir aber nicht so sicher ob ich auch noch einen Becher mit warmen Tee abbekommen würde.

Wie ich immer näher an die Verpflegungsstelle kam, wurde mir bewusst, dass meine Sorge unbegründet war. Es waren so viele Helfer an den Tischen und sie waren alle freundlich und reichten uns mit einen Lächeln warmen Tee.

Langsam merkte ich wie meine Schuhe nass wurden, davor hatte ich mich gefürchtet, wenn die Schuhe nass waren dann hatte ich noch eine lange Strecke vor mir und die Blasen waren dabei schon vorprogrammiert.

Ich hatte mir vorgenommen jeden Verpflegungsstand mitzunehmen und immer wieder mein Wasserhaushalt aufzufüllen.

Die ersten fünf Kilometer habe ich gar nicht für voll genommen, alles ging so schnell, nachher wie ein Zeitraffer. Vielleicht weil man noch an soviel denken muss Lauf langsam, Lauf dein Tempo, trinke viel. Das beschäftigte mich unentwegt, bis sich der Trott Schritt für Schritt einstellte. Dann wann sich der Trott einstellte lösen sich die Gedanken und schweifen weit weg.

Ein Läufer neben mir machte akrobatische Verrenkungen um sich seine T-Shirt auszuziehen. Es sah komisch aus, er wollte keine Zeit verlieren, verlor dabei die Orientierung und lief in die Zuschauer.

Kilometer 6
Mit den Gedanken an die Kilometer die ich noch vor mir hatte schlug ich bei dem 6. Kilometer an. Vorbei an meiner Schule wo ich am Montag stolz von meinen Zieleinlauf erzählen wollte. So lief ich weiter, zwei Männer rannten an mir vorbei und zeigte nach hinten. Meine Befürchtung meinte ich zu den beiden ob wir die letzten wären, doch sie meinten nur „keine Angst da kommen noch bestimmt 10000 Läufer ". Na gut das glaubte ich nicht, aber meine Unruhe war weg.
So konnte ich mir in Ruhe den Reichstag ansehen Und weiter in meinen Trott laufen. So viele Läufer, ich sah mich um und war erstaunt, dass man noch immer kein Ende sehen konnte.

Kilometer 7

Kilometer 7 war erreicht, wie schnell sich doch die Läufermenge vorwärts bewegte immer im Trott wie ein Bandwurm. Ist doch sehr interessant was für Gedanken durch meinen Kopf schossen. Und ich musste lächeln, da mache ich mich nun seit acht Monaten verrückt und seit einen Jahr habe ich mit den Gedanken gespielt diesen Marathon zu laufen, jetzt war ich dabei und ich war so entspannt.

Kilometer 8

8. Kilometer was wohl noch alles passieren wird ? Wie werde ich den Lauf erleben? War es wirklich so schlimm, wie alle sagen? Was sind das für Schmerzen, wenn der Mann mit dem Hammer kommt?

So langsam war ich an der Friedrichstrasse und der Regen hatte nicht aufgehört. Es würde immer doller, aber ich glaubt daran das der liebe Gott es noch gut mit uns meinte.

Was war den das, ich hörte meinen Namen? Aber das konnte ja einige Läuferin sein, aber ich schaute doch in die Richtung. Dort standen sie, Roland – bewaffnet mit der Video Kamera, Silvio und Uwe mit den Fotoapparaten und Ingo war auch dabei. Der süße Ingo hat es auch geschafft zu meinem Debüt dabei zu sein. Ein kleiner und schneller Kuss für Rolli und weiter ging es am Friedrichstadtpalast vorbei.

*Was für ein schönes Gefühl die Jungs zu sehen
und das bei dem Wetter. Der Hammer ich laufe
gerade meinen ersten Marathon und mache mir
noch Sorgen um andere. Wie habe ich mich
geschunden, was waren das für harte durchdachte
Trainingspläne, genaue Studien über das Laufen
und wie am besten. Alles war peinlich genau
durchdacht. Die Lehrbücher verschlugen und
auswendig gelernt.*

Normale Trainingsläufe mit Zeitmessung, Steigerungsläufe bei den die Geschwindigkeit zum Sprint erhöht wird, Tempoeinheiten und Fahrtenspiele. Alles wurde mit eiserne Härte durchgezogen, dann die ewigen langen Dauerläufe über Stunden, am besten waren die über drei Stunden. Es waren einsame und lange Läufe, aber in diesen Läufen kam ich mir selbst näher. Aber um ehrlich zu sein war es eine echte Quälerei und jetzt, da es vorbei ist, bin ich am Überlegen ob ich diese stressige Vorbereitung noch mal machen würde.

Es war ja nicht nur dass ich über zehn Stunden in der Woche unterwegs war das mein Krafttraining zurück gesteckt wurde, nein da waren noch die Klaussuren da ich im zweiten und dritten Semester war und diese immer mit zwei abschließen wollte und die Arbeit natürlich. Zu guter letzt war da die Familie, denn jedes mal wenn ich die Trainingsschuhe auszog waren meine Gedanken wieder beim nächsten Lauf oder nächsten Wettkampf. Ich versuchte zu erklären, dass es ja gesund sei und gut für den Körper, auch außerdem kostet es nicht viel und kann überall ausgeübt werden. Aber alle diese Erklärungen wurden immer mit der Zeit leiser.

Kilometer 9

Der 9. Kilometer begann und ich lief die Torstrasse entlang. Ich konnte es nicht glauben, sogar hier in der Strasse wo sonst alles grau war standen die Berliner und feuerten uns an. So nass es auch langsam wurde, ich war so stolz dabei sein zu dürfen. Im Moment war alles wie ein Trainingslauf nur das viele Menschen am Straßenrand standen und uns applaudierten. Es ist das schöne am Laufen, man kann für sich alleine laufen, alles ausklammern und doch mit den Menschen Begegnungen haben. Man kann von allem Abstand gewinnen. Wenn etwas wie eine verrutschte Socke diesen Trott stört, dann will man das einfach nicht und versucht es zu ignorieren. Ich hörte wie es in der Nähe wieder knisterte und knackte. Also war der nächste Verpflegungsstand nicht mehr weit.

Kilometer 10

Bei dem 10. Kilometer war es dann soweit es gab wieder leckeren Tee. Eigentlich mag ich Tee ja nicht so sehr, aber bei diesem sau Wetter konnte ich mich immer wieder bei diesen netten und lieben Menschen bedanken, die ihre Freizeit hier für uns gaben.
Nochmals DANKE.
Nun schaute ich nach meinen lieben Nachbarn, denn ich war am Alex angekommen. Ich hatte

ihnen gesagt, dass ich immer rechts laufen würde,
denn beim Alex würden bestimmt noch viele
Läufer zusammen sein, und so war es auch. Ich
lief am Casino vorbei und schaute auf die vielen
Menschen die am Bürgersteig standen und uns zu
johlten. Sie schrieen und klatschten in die Hände
um uns vorwärts zu treiben.

Da waren sie Magret und Lothar, ich umarmte sie
beide und wir drückten uns. Wie schön die beiden
zu sehen, „wir sehen uns im Ziel" meinte Magret.
Ich sagte zu ihr, dass ich nicht wisse ob ich das
schaffe. Beide lächelten mich an, „wir wissen dass
du das schaffst, also bis nachher".

Wenn das keine Motivation ist, dachte ich, also
Glaube ich auch und ich habe trainiert es komme
was wolle, ich werde es schaffen.

Was wird wohl bei Kilometer 10 auf der Uhr
stehen?

Eigentlich hatte ich gehofft und mir ausgerechnet
das ich bei einer Stunde und fünfzehn bin, aber ich
lag wohl etwas drüber. Da lag der rote Teppich
quer über die Strasse gebreitet der die Zeit nehmen
würde, von meinen gelben Champion Chip. Es
machte mich nicht nervös, ich wusste, dass ich es
schaffen konnte und die konnten mich ja nicht
einfach von der Strecke schieben. Immer rechne
ich, wenn ich über eine gewisse Zeit laufe. Warum
nur? Dann sage ich mir Zeit ist doch nicht wichtig
und versuche abzuschalten. Aber das war auch

schon wieder vorbei, denn ich rechnete wie schnell ich bei den nächsten 10 Kilometer sein würde.
Ich habe mir eine Herausforderung gesucht und würde sie auch bestehen.

Kilometer 11
Der 11. Kilometer und ich hatte schon ein viertel geschafft. Meine Füße wurden müde und ich war schon etwas erschöpft, dass kannte ich den in den Trainingsläufen hatte ich das schon am Beginn einer Einheit schwere Beine, aber wenn ich dann eine längere Zeit weiter lief war das Gefühl weg.
Es war wie eine Verwandlung im Körper.
Jetzt würde ich Richtung Jannowitzbrücke laufen und dann würde auch schon der nächste Versorgungspunkt kommen. Langsam kannte ich um mich herum die gleichen Gesichter, weil wir nun fast alle das gleiche Tempo hatten. „Manuela hier" hörte ich wie Roland mich rief. Er stand mit der Videokamera und filmte mit der andere Hand winkte mir zu.

*Ach wie schön ihn zu sehen und dort stand auch
Silvio. Auf der linken Seite hatten sich Ingo und
Uwe hingestellt, wo sie mir zu jubelten. Ich rief
zurück dass ich noch gut drauf war und dass ich
sie dann am nächsten Punkt erwarten würde.
Langsam fange ich an mich zu entspannen,
endlich ist das schöne Gefühl gekommen das wo
ich mich unendlich frei bewege, ohne jeden Druck.
Wenn der Marathon doch so weiter gehen würde.
Ich hatte Angst vor den Kilometern nach der
20iger Marke.*

Am Rand waren nur noch wenige Menschen, aber sie standen da. Warum sie wohl dort standen? Was bewegt diese Menschen am frühen Morgen aus ihrem warmen Bett aufzustehen und andere Menschen anzufeuern?
Wenn es doch nur nicht so kalt wäre.

Kilometer 12

So schnell war der 12. Kilometer da, kurz hinter der Jannowitzbrücke stand das Schild. Wenn das so weiter geht, dann würde ich noch eine Menge Spaß haben.

Es war so windig, dass ich bereut hatte nicht meine Gelbe Adidas Jacke mitgenommen zu haben. Jedes mal wenn ich Roland sah wollte ich ihn fragen, aber bei der Freude und Aufregung hatte ich es vergessen. So musste ich nun weiter und das Wetter wurde nicht besser.

Starker Wind und Nieselregen, so ein Dreck, ich fror am ganzen Körper, meine Hände wurden kalt und ich hatte es noch so weit.

Meine klammen Hände versuchten den Becher Wasser zu tragen, denn ich hatte den nächsten Punkt für die Verpflegung erreicht. Ein, zwei kleine Schlucke und den Becher weg zur Seite. Ich drehte mich kurz zur Seite und schaute ob ein Läufer kam, denn ich wollte nicht jemand mit dem Becher der immer noch fast voll Wasser war, nass spritzen. Alles klar, sagte ich mir und schmiss den Becher in hohen Bogen an den Rand des Bürgersteiges.

Weiter und weiter führte mich mein Weg, und ich wusste das, dass wenig Wasser was ich gerade getrunken hatte, nicht reichen würde. Ich wollte nun versuchen meine Flasche mit verdünnten Kohlehydraten aus meiner Gürteltasche zu nehmen. Das war noch einigermaßen zu bewerkstelligen, aber es war mir das erste Mal das es mir passiert das mir meine Flasche aus der Hand gefallen war. Also musste ich stehen bleiben und die vom Boden aufheben.

So lief ich nun weiter und weiter.

Kilometer 13

Ich erreichte den Moritzplatz, wo der Kilometer 13 war. Hurra ein neues Schild mit der schönen Zahl 13. Ich wusste was mich jetzt erwartete, ich war mit Roland die Strecke abgefahren und ich wusste, dass ich nun durch Kreuzberg laufen musste. So steuerte ich auf den Kottbuser Tor zu, schon von weiten hörte ich die laute Türkische Musik und die Menschen Massen die schrieen und tanzten. Alle waren freundlich und lachten uns zu. Die Band, ich glaube es war die dritte Band die ich sah, war in super Form. Sie spielten ihre Musik und ich musste mich nun auch im Takt mitbewegen. Die Musik ging ins Blut, oder war es die Stimmung? Egal was es war, ich war begeistert.
Bis jetzt ging es ja wunderbar und ich freute mich schon auf den nächsten Kilometer.

Kilometer 14

Schon kurz hinter den Kottbuser Tor war schon der Kilometer 14, man das lief ja vom feinsten, wenn doch nur nicht diese Kälte. Meine Hände waren kalt und fingen an steif zu werden.
Es standen so viele Menschen da und feuerten uns an.
Gut das hatte ich geschafft, weiter und weiter, in Richtung Hermanplatz, wo ich mit meinen Eltern mich verabredet war.

Leise drangen Klänge an meine Ohren, wo ich dachte das kann doch nicht wahr sein. Hier mitten in Kreuzberg am Morgen, AIDA die Oper von Verdi. Es wurde lauter und ich wollte die Stelle nicht verlassen, wo ich so hingerissen war von der berauschenden Musik. Es berührte mich so sehr das mir die Tränen kamen, ich konnte nichts dagegen machen. Völlig überwältig, mit feuchten Augen lief ich weiter.

<u>**Kilometer 15**</u>
Mein Gott wie bewegend doch diese Musik ist, schon immer haben sich Menschen inspirieren lassen von solcher Musik und ich konnte mich nun für meinen Lauf inspirieren lassen.
Schon war ich am Hermannplatz, mal sehen wo meine Eltern stehen.
Die Gedanken kamen und liefen es gab keine Möglichkeit die zu steuern und das wollte ich auch nicht ich wollte mich einfach treiben lassen und dem Publikum überlassen. Es sollte mich führen und lenken, diesen Lauf ließ ich es geschehen. Und wieder das Knistern der Becher, ich kannte das Geräusch schon und ich hatte es schon vermisst. Dort war er wieder der Versorgungspunkt, hier gab es wieder nur Wasser. Ich brauchte aber Tee, warmen Tee, mein Magen hätte sich so gefreut, aber es gab nur Wasser.

Also rum um Karstadt und dort riefen mich schon meine Eltern „Manu hier sind wir", dort waren sie. Das erste Mal sind sie in die Stadt gekommen, um mich laufen zu sehen, bei meinem ersten Marathon. Ich freute mich so sie zu sehen, ich blieb stehen und drückte sie und auch Susi (ihr Hund) war mit dabei. Mein lieber Vati, sie hatten schon fast eine halbe Stunde auf mich gewartet und er war so durch gefroren. Vati hatte extra nicht die Banane gegessen und wollte sie mir nun reichen. Ich verneinte und sagte, dass ich schon

etwas gegessen hatte. Nun kamen auch noch Roland und Ingo mit zu. Beide hatten mich anhalten sehen und sich Sorgen gemacht, nachdem sie aber meine Eltern gesehen hatten kamen sie zu uns. Sie begrüßten sich alle und ich machte mich auf dem Weg, vorbei an Uwe und Silvio.

Die beiden die immer die Kamera gezückt hatten, um mich zu fotografieren. Ingo versuchte mir im Auftrag von Roland einen Riegel zu geben, aber ich hatte keinen Hunger. „Los sei artig und greif

ihn, ich bekomme sonst Ärger mit Roland" meinte Ingo. Also nahm ich einen Schokoriegel ab und sagte, dass ich ihn essen werde.

Und weiter und weiter, mit dem Riegel in der Hand, schnell biss ich einmal ab und dann schmeckte es nicht mehr.
Mit einer weiten Armbewegung flog er über die Grünflächen, last es euch schmecken, ihr Vogel.

Kilometer 16

Was war das ein stechender, schlimmer sich ausbreitender Schmerz bohrte sich in die Leiste, nein dieses Schmerzen.

Wie sehr hatte ich gehofft das dieser Schmerzen nicht auftreten würden, aber es was doch eingetreten. Die Leisten Schmerzen die ich bei jeden Wettkampf über 10 Kilometer hatte trafen mich total unvorbereitet.

Super und was jetzt ?

Weiter gehen, aber ich konnte doch den Marathon nicht zu Ende gehen, oder doch?

Nein ich versuchte etwas zu gehen und dann raffte ich mich auf langsam weiter zu laufen. Oh, nun muss man sich aber vorstellen, dass ich schon im gesunden Zustand langsam bin und eigentlich immer hinten bin und wenn ich nun noch langsamer werde, wusste ich das ich die Zeit nicht wieder aufholen würde.
Einige Läufer überholten mich, „das vergeht wieder" reif mir jemand zu, danke dachte ich für dein Zuspruch, aber das glaube ich nicht.
Also trotzdem weiter und weiter.

Kilometer 17
Kilometer 17 das Schild stand am Rand und zeigte es mir an. Meine Gedanken rasten weiter, die Schmerzen waren so schlimm meine Muskeln verkrampften sich. Gut ich konzentrierte mich auf meine Beine, lauft ihr könnt es. Schritt für Schritt immer weiter lauf Mädchen dafür hast du trainiert. Ich schaute mich an, ich wollte eine Herausforderung und nun hatte ich sie. Also zeig was in dir steckt.
Bei der ganzen Aufregung hatte ich den 17. Kilometer hinter mir gelassen, vorbei am Südstern und auf zum 18. Kilometer.

Kilometer 18

Die Straße war nass und die Kälte nahm zu, ich merkte wie sich meine Oberschenkel verkrampften. Das kann es doch noch nicht geben, nicht jetzt schon.

Ich wusste, dass ein Marathon kein Spaziergang wird, aber ich dachte bei Kilometer 30 muss man kämpfen und sich vorwärts quälen.

Wie war das noch mal wo ich bei dem Laufseminar war, man muss sich wenn man Schmerzen in einem Fuß hat auf den anderen Fuß konzentrieren.

Das tat ich dann auch. Also gut du hast Schmerzen, dachte ich, was willst du jetzt machen? Na du kannst ja weiter jammern und dich bemitleiden und aufhören, stell dich an die Seite und hör auf zu laufen, gebe doch einfach auf. Oder du versuchst den Schmerz aufzuteilen und so die Schmerzen auf das Bein zu tragen, welches noch geht.

Mit solchen Gedanken beschäftigte ich mich nun und wenn jemand der gerade neben mir lief das gehört hätte, dass ich mich selber mit mir unterhalte die hätten gleich eine schöne weiße Jacke für mich bereit gehabt.

Da war der Mann wieder den ich die ganze Zeit hinter her gelaufen war, irgendwie sah er aus, als wenn er nicht wie ich zum ersten Mal einen Marathon laufen würde. Er humpelte stark und an *seiner linken Wade sah man einen dicken Knoten heraus ragen. Ich dachte wenn er dieses Tempo halten kann, dann schaffst du das auch.*

Dieser Wille, wenn man sich einmal entschlossen hat solches in Angriff zu nehmen und das man nicht weiß ob man es noch einmal solche Strapazen vom Training schaffen würde, lässt einen Menschen über sich selbst hinaus wachsen. Am Straßenrand standen Kinder dir mir ihre Hände entgegen streckten. Ich klatschte ab und sie jubelten und freuten sich.

Kilometer 19

Ich erreichte die Yorkstrasse wo das Schild bald kommen müsste Kilometer 19 ja ich sah es schon, unter der dunklen, alten Brücke wo natürlich gerade in diesen Augenblick die S-Bahn drüber fuhr, hatte ich das Schild fokussiert. Jetzt kamen bald meine Leute, hoffentlich standen sie an den Kilometer 23 wo wir uns verabredet hatten.

Das Getöse wurde lauter denn ich war nun mitten unter der Brücke, was die Menschen wohl denken, die in der S-Bahn sitzen. Die Verrückten, Bekloppten, sich im Mittelpunkt stellenden, Endorphin süchtigen Menschen, die haben bestimmt nicht alle Tassen im Schrank, die ganze Stadt sperren nur wegen ein paar Läufern, ob das die Gedanken der Leute dort oben waren ?

*Vor zwei Jahren habe ich auch noch so gedacht,
da war ich mit dem Dienstwagen in der City
unterwegs und kam nirgendwo durch, die ganze
Stadt war gesperrt wegen des Marathon und nun
heute nach zwei Jahren wo ich 2000 Kilometer
gelaufen bin und mich seit acht Monate auf diesen
entscheiden Tag hin vorbereitet habe, bin ich selbst
dabei.*

*Mit einen Lächeln sah ich das Kilometer Schild 19
an mich vorbei „sausen". Na ja ich war nicht die
schnellste, aber ich wusste hinter mir waren noch
Läufer.*

*Da waren wieder die Bands, die uns vorwärst
treiben sollten.*

*Ich hatte einige Walker überholt die zusammen
liefen. Es war bestimmt lustig so gemeinsam zu
laufen, aber ich kann es nicht. Erstens bin ich
lieber ein Einzelgänger und zum zweitem habe ich
keine Lust mich nach einen anderen Tempo zu
richten. Ist der andere zu schnell, laufe ich über
meine Grenzen und wenn der andere zu langsam
ist steigere ich mich nicht. Also laufe ich seit
meinen Beginn vor zwei Jahren alleine und so war
ich es für den Marathon gewöhnt.*

Kilometer 20

Nach der nächsten Ecke hörte ich das bekannte
Knistern und Knacken der Becher, der nächste
Verpflegungspunkt. Hurra wieder warmen Tee.
Als ich um die Ecke kam, warf mich der Windstoß
fast um, dass war der Hammer. Ich dachte schon
das Wetter wäre besser geworden, aber wir waren
zwischen den Häusern gelaufen und der Wind war
dort nicht so schlimm. Hier auf der Potsdamer
Strasse hatte er volle Kraft und spielte mit uns.
Lauf im Windschatten des Humpelndes Mannes,
eigentlich hatte ich gerade in diesem Augenblick
versucht ihn zu überholen, aber das sparte ich mir
nun. Kurz angehalten am Versorgungsstand und
einen leckeren Becher mit süßen warmen Tee
genommen.
Auch hier standen die Menschen und klatschten
für uns, dass war unglaublich ich war jetzt fast
drei Stunden unterwegs und sie waren immer noch
da für uns. Sie feiern, sind ausgelassen und einige
tanzen.
Wieder schweifen meine Gedanken von der
Laufstrecke ab, wann war ich zum Schluss tanzen?
Nachdem ich endlich meine ersehnte Medaille um
meinen Hals habe, werde ich auch wieder tanzen
gehen, vorbei mit hartem Training und lernen.
Erholung war angesagt, aber komme ich
überhaupt an?

Und wieder tauchen quer über die Strasse die roten matten auf, wie wohl jetzt meine Zeit ist? Etwas zu müde um auf die Uhr zu schauen, aber ich weiß das sie nicht gut ist die Zeit. Seit über vier Kilometern gehe ich nun, aber so komme ich auch vorwärts. Meine Zeit .... gut wenn ich so weiter laufe, dann könnte ich es noch gerade so ins Ziel schaffen. Berlin hat seine Strecke offen gehalten für sechs Stunden. Aber haben sie mit einberechnet das die schlechten Läufer wie ich vom Startblock H, also den letzten erst eine halbe Stunde später starten werden? Ich rechne und rechne, alle besser als an meine Schmerzen zu denken.

Kilometer 21
Kilometer 21 das war die Hälfte, ich hatte die Hälfte geschafft – Wahnsinn.
Nun soll man sich mal 21 Kilometer vorstellen, dann das zu Fuß und dann noch mal die gleiche Strecke zurück. Vor drei Stunden nagende Zweifel, Angst und Schmerzen überall, jetzt hatte ich schon die Hälfte geschafft und mir ging es nicht gut.
Man sagt sich als Läufer immer denke nicht daran was du noch vor dir hast, sondern freue dich daran was du schon geschafft hast.
Sicherlich sehr einfach gesagt, wenn man sich gut fühlt. Aber ich merkte, dass die Schmerzen schlimmer wurden. Die schlimmen

Leistenschmerzen vom Kilometer 16 machten sich wieder bemerkbar und die verspannte Wade meldete sich auch wieder, dass alles vor Kilometer 30, wie soll das weiter gehen.
Aufgeben werde ich aber niemals.
Über die Matte gelaufen und meine Zeit wurde für die erste Hälfte an Hand meines Chips genommen. Das war ein Piepen, weil ich nicht alleine sondern mit mehren Läufern rüber lief und dann lauschte ich ob ich hinter mir noch mehr piepen hörte. Ja und es klang nicht ab. Hurra ich war nicht die letzte.
Es ist schon erstaunlich wie man sich auf die unterschiedlichen Strecken einstellt. Wenn ich ein zehn Kilometer Lauf absolviere, denke ich das ich nach acht nicht mehr kann. Bei einen Halbmarathon , nach fünfzehn Kilometern.
Beim ersten Halbmarathon habe ich miterlebt das einige Läufer beschissen haben. Sie sind ein Teil mit der U-Bahn gefahren und dann wieder auf die Laufstrecke gekommen. Ich wusste das bei einer Frau genau, weil ich sie vorher überholt hatte, dann war sie nicht mehr zu sehen und auf einmal war sie wieder vor mir. Sie sah frisch und erholt aus. Im anschließenden Bericht aus der Laufzeitung wurden noch mehr davon erwischt. Was haben die nur davon? Man läuft nur für sich selbst und keinen anderen. Wie kann man sich

über eine Medaille freuen, wenn man weiß, dass es nicht aus eigener Kraft geschafft wurde?
Den Becher hatte ich nun fast geleert und machte mich auf zum nächsten Kilometer – 22. Der Becher wurde mir von einer nette jungen Frau gereicht die OP Handschuhe trug.

Kilometer 22
Dort wurde der Schmerz immer schlimmer und ich hatte keine Ahnung wie es weiter gehen sollte. Ich musste die ersten geh Pausen einlegen und fragte mich was das hier eigentlich solle. Wenn doch nur ein Zeitsprung jetzt kommen würde ich wäre bei Kilometer 35 und in sieben Kilometer wäre ich ins Ziel. Aber leider war es nicht so.
Wer in aller Welt hatte mich auf diese verrückte Idee gebracht hier mit zu machen?
Was sollte mir das alles hier bringen, kein Mensch tut sich so etwas freiwillig an.
Warum ???
Ich hasse eigentlich Laufen und dann noch 42,195 Kilometer.
War das der Mann mit dem Hammer? War mir auch scheiß egal, wer es war ich hatte Schmerzen und wollte mich ausruhen und nicht mehr bewegen. Ich war müde und froh, ich hatte keine Lust mehr. Mein Rücken schmerzte und ich konnte mich nicht mehr bewegen. Was sind das für fürchterliche Schmerzen, kein Mensch hatte mir

vorher gesagt das sie so schlimm werden können.
Oder doch, Olaf hatte etwas in diese Richtung
erzählt. Mein Rücken tat so weh, ich spürte jeden
einzelnen Wirbel im Rücken und meine Wade tat
weh.
Nie wieder würde ich laufen.

Kilometer 23
Wer in der gelben Jacke kommt da auf mich zu,
ein Ordner? Was wollte er von mir sah er mir an
das es mir schlecht geht, oder das ich nicht mehr
rannte sondern mich zu den Walkern fallen
gelassen hatte, weil ich selber nicht mehr schneller
war? Nein es war Ingo.

Langsam fange ich an zu Halluzinieren, ich erkenne nicht einmal Ingo mehr. Er hielt mir schon wieder etwas zu essen hin, igit ich will nicht essen.

Ich hatte Roland ein Handzeichen gegeben, Daumen nach unten und eigentlich dachte ich das er es gut sehen hätte können. Aber nach den Video Aufnahmen konnte ich sehen das es nichts zu erkennen gab, der Arm war etwas abgehoben aber das war es schon. Roland der mich filmte, versuchte mich zu essen zu bewegen.

*Ich habe Wadenkrämpfe, bitte massiere mich, bat
ich Roland. Das tat er und Ingo hielt mich. Auf die
Aussage das ich solche Schmerzen habe, meinte
Ingo was hast du gedacht, dass es ohne geht?
Schmerzen gehören dazu!!!
Wie recht er doch hatte, mit diesem Spruch raffte
ich mich auf und begab mich auf die nächsten
Kilometer.
Was kann noch schlimmeres kommen?
Kurz drehte ich mich um und winkte den vier
Jungs zu, ein Handkuss und weiter – Schmerzen
gehören eben mit dazu!*

*Überall standen Leute und feuerten uns an, oder
standen sie für mich da. Nein ich weiß das es nicht
so war, aber in manchen Momenten denkt man das
man ganz alleine läuft und man sieht die anderen
nicht, es wäre als wenn alle diese begeisterten
freundlich, klatschenden Menschen doch wegen
nur einen einzigen Läufer gekommen waren.
Dort war wieder eine Band, unter der Brücke, wo
das weiß ich auch nicht denn ich begab mich
langsam nach Zehlendorf wo ich mich nicht mehr
auskannte. Die Schmerzen in der Wade hielten
sich in Grenzen und ich rannte auch nicht mehr,
ich wusste um das Ziel zu erreichen musste ich
gehen.
Diesen Marathon würde ich noch nicht durch
joggen können, aber ich würde das Ziel auf jeden
Fall erreichen. So würde ich bestimmt viel Zeit
verlieren, aber gehen konnte ich auf jeden Fall.*

Es wurde ruhiger und ich genoss die Ruhe, wir hatten vergessen die Batterien zu wechseln aus meinen MP3 Player und somit verabschiedeten sich nun die letzten Lieder. Aber dadurch dass ich ging war es mir nicht so schwer gefallen mich zu erholen, denn ich wusste schaffe ich es bis zum Wilden Eber schaffe ich es ins Ziel.

Kilometer 24

Ich erreichte den Kilometer 24, wo sich eine
Familie hingestellt hatte um uns Läufern Wasser
zu reichen. Sie hatten einen Pavillon aufgesellt
und hatten Musik angemacht.
Wie nett solche Menschen zu sehen, ich musste an
mich halten um nicht zu weinen.
Ich wusste es, ich hätte andere Socken anziehen
sollen. Ob ich den Mann fragen sollte, ich hatte
seit bestimmt zwei Kilometer festgestellte, das sich
meine Socke in den Schuh verstecken wollte, auf
Deutsch sie rutsche rein und das ist schlimm. Es
entstehen Wellen auf die man dann rauf tritt und
es ist unangenehm und man kann sich Blasen
laufen. Ich hatte nun aber ein Problem, meine
Finger waren so angeschwollen das sie eine
Einheit mit der Hand bildeten und ich sie nicht
mehr bewegen konnte. Also wie sollte ich meine
Socke halten? Wenn ich so weiter machen würde,
hätte ich in einigen Kilometern bestimmt eine
Blase, nein nur das nicht. Ich hatte schon ein Lauf
hinter mir um die 30 Kilometer, wo ich eine Blase
bekommen hatte. Dieses Ergebnis möchte ich mir
nun nicht vorstellen. Gut was soll passieren,
dachte ich und sprach ihn an. Der Mann sah mich
etwas verdutzt an, aber erwies sich dann als
ausgesprochen hilfreich. Ich hob mein Bein und
musste feststellen dass dieses mit großer
Anstrengung nur zu schaffen war. Und dann sah

ich meine unglaublichen dreckigen Füße. Es war mir peinlich, aber 24 Kilometer laufen durch Berlin zeigten nun mal ihre Spuren.

Ich erzählte dem Mann wo ich her kam und bedankte mich. Er meinte wir sehen uns nächstes Jahr bestimmt wieder.

Ich lächelte ihn zu und dachte wer weiß wer weiß. Woher die das alle wissen, na ja es gibt bestimmt solche Verrückten die sich das immer wieder antun müssen.

Normalerweise hält man an um sich die Socke hoch zu ziehen, aber es ist unwahrscheinlich schwer während des Laufes anzuhalten und das zu machen. Es wird mit den Zehen gearbeitet und geknetet, obwohl man weiß, dass es davon nicht weg geht. Es ist nicht rational zu erklären, aber man kann eben nicht alles erklären.

Was war das auf der rechten Seiten hatten die lieben Leute vom DRK eine Massagestelle aufgebaut, wie schön ob ich anhalten sollte, denn meine Oberschenkel waren doch etwas härter geworden.

Bevor ich weiter nachdenken konnte, hatte mein Kopf von alleine gehandelt und mich eine Bank ansteuern lassen.

Hallo, meinte ich, kannst du mich massieren? Die junge Frau meinte gerne, wo tut es dir weh. Naja das würde zu lange dauern, aber meine Oberschenkel sind so hart. Alles klar, meinte sie,

einmal hinlegen. Ich stutzte und meinte das, das
nicht möglich ist, weil ich nicht mehr hoch
kommen würde. So hat sie mich mit einem
Kollegen im Stehen massiert. Es tat so gut und die
Oberschenkel wurden merklich weicher.
Frohen Mutes kehrte ich auf die Strasse zurück
und konnte schon wieder lachen. Toller Einfall
den Läufern so etwas Gutes auf der Strecke
anzubieten – Danke.
Neben mir war eine junge Frau, Never ever, hörte
ich sie sagen. Sie winkte ab und wurde immer
langsamer. He meinte ich komm doch mit mir mit,
dann ist es nicht so langweilig. Ich winkte sie zu
mir ran und fragte sie ob es auch ihr erster wäre.
Sie verstand mich nicht, sie spräche nur Englisch.
Oh mein Gott ich laufe meinen ersten Marathon
und nun muss ich auch noch Englisch reden.
Ok, ich sagte wie ich hieße und das es mein erster
Marathon war.
Sie bestätigte es und meinte, dass sie aus Paris
kommen würde. Wau Wahnsinn.
Sie meinte, dass sie den zweiten in Paris laufen
würde. Sie war ganz alleine aus Paris gekommen
und lief hier ihren ersten Marathon. Wir liefen
also besser gesagt wir gingen und unterhielten
uns.

Kilometer 25

25. Kilometer mehr als die Hälfte hatte ich hinter mir. Wir waren froh, dass wir uns ablenken konnten. Die nächste Zeitmessung überquerten wir gemeinsam und lächelten uns an, jetzt weiß ich wie es gemeint ist Lachen verbindet.

Gleich würde es wieder etwas zu trinken geben, aber nur Wasser und nicht warm. Obwohl hier der Wind nach gelassen hatte und es nicht mehr regnete stellte auch die Französin fest, dass es sehr kalt war.

Die Becher die auf den Boden lagen konnten unsere Schuhe nicht mehr feucht machen, denn sie waren total nass. Ein Stück Banane reichte ich der Französin und gab ihr auch einen Becher Wasser.

So liefen wir weiter und hörten Musik die immer lauter wurde, wo kam die her?

Kilometer 26

Wir liefen in Richtung Wilden Eber, dort wollte ich schon immer hin.

Bei der Stadtrundfahrt mit Roland hatten wir uns den Platz angesehen und der war so verlassen das ich mir gar nicht vorstellen konnte das hier eine Party statt finden sollte, dafür war der Wilde Eber berühmt.

Das waren Rhythmen die gingen ins Blut ich wurde wieder etwas schnell und der Kilometer 26 raste ans uns vorbei.

Die Boxen standen auf beide Seiten und die Musik erklang das sich das unterhalten schwer machte.

Wir schauten uns an und lachten, wir hatten es bis hier geschafft und wir konnten es ins Ziel schaffen.

Wir kamen näher und die Menschen standen am Rand und klatschten, dass hatte ich noch nie erlebt.

Mir kamen die Tränen, nun war es vorbei. Ich weinte, ich war von meinen Gefühlen überrannt worden. Ich erlebte den Runners High, welch ein phantastisches Gefühl. Mir liefen die Tränen über das Gesicht und ich versuchte sie gar nicht erst weg zu wischen. Mir lief die Gänsehaut die Beine hoch und den Rücken runter, wenn es das war wollte ich es immer wieder haben.

Kilometer 27

So kam ich an den Platz an, dort wurden wir mit großem Gejohle empfangen. „Ihr seid Helden" riefen sie über den Lautsprecher, „Willkommen und gebt alles, wir glauben an euch", und nun war es endgültig vorbei. Ich stand da und schaute mir die Menschen an. „Danke" rief ich „ ihr seid super", ich winkte ihnen zu und begann eine Laola Welle. Alle schlossen sich an und die Welle ging

*auf beiden Seiten rund um den Platz.. Der echte
Wahnsinn, immer wieder und wieder stimmt ich
die Welle an, an schrieen alle Hurra und ich tanzte
mit den Berliner Bären eine Runde.*

*Das konnte die ersten 33000 Läufer nicht erleben,
denn der Platz am Wilden Eber war da so überfüllt,
dass man keinen Platz hatte.*

*Meine Tränen hatte ich getrocknet und lief zu der
Französin die mein Spiel mit den Zuschauern
beobachtet hatte.*

*Ich war glücklich, denn ich wusste nach dem
Wilden Eber konnte mir nichts mehr passieren.*

*Danke ihr lieben Menschen, die ihr eure Zeit für
uns geben habt und uns vorwärts in Ziel getrieben
habt.*

Noch ein Becher Wasser und weiter.

*Sie fingen schon an sauber zu machen, aber das
störte mich nicht.*

*Ich hatte schon 15 Kilometer einen Besenwagen
durch die City hinter mir bei 25 Kilometer Lauf,
also konnte mich das nicht stören das sie schon die
Becher zusammen fegten.*

Kilometer 28

So war der 28. Kilometer da, wenn der Rest auch so einfach geht. Jetzt auf dem Hohenzollerndamm rechts rum und dann zu Roland.

Und nun musste ich wieder kämpfen, mein Kopf war nicht mehr auf dem Hals zu halten. Er knickte immer wieder nach vorne, ich hatte Mühe gerade aus zu sehen.

Immer ein Schritt vor den anderen und wieder bin ich dem Ziel ein Stück näher. Mein Rücken Schmerz so sehr und ich kann kaum noch gerade laufen. Meine Beine sehnten sich nach Ruhe.

Wir stoßen uns manchmal mit dem Armen an, weil wir nicht mehr gerade aus laufen können. Dann schauten wir uns an, ein kurzes Sorry und ein Lächeln und weiter.

Ich merkte, dass ich nicht mehr konnte, es war noch so weit. Die Französin lächelt mich mehrmals an und ich raffte mich auf und suchte nach ihren Schritt.

Kilometer 29

So erreichten wir schweigend den 29. Kilometer und gingen weiter zum 30. Ich weiß noch, dass wir gegangen sind und dass dort auch Menschen uns applaudierten. Aber ich kann kaum noch mich n meine Gedanken erinnern. Eins weiß ich endlich ins Ziel kommen und ausruhen, nicht mehr gehen

müssen. Schlafen und wärme, meine Hände spürte
ich kaum noch.

Kilometer 30
Ich konnte meine Getränke Flasche nicht raus
nehmen weil sie so steif gefroren waren. Ich
möchte meine Ruhe haben, bin erschöpft, aber die
Zuschauer schreien und trommeln mich
unerbittlich weiter voran. Es ist nicht möglich
einfach stehen zu bleiben, selbst wenn ich es
wollte. Es gibt nur eine Richtung, dass Ziel. Meine
Füße heben und senken sich im Rhythmus.
Wir liefen über die Autobahn und nun wusste ich
das wir soeben den 30.
Kilometer geschafft hatten.

Kilometer 31
Die magische Zahl für mich, dass war das längste
was ich im Training gelaufen war und nun sollte
ich wissen was mir mein Training gebracht hat.
Endlich gab es wieder Tee und es gab auch Iso-
Getränke, beides nahm ich dankbar an und die
Französin auch. Wir waren so dankbar über ein
warmes Getränk und ich wusste, dass mich bald
die Männer erwarten würden. Die Französin bat
mich auf sie zu warten, weil sie auf die Toilette
müsste. Ich wartete gerne, denn was zählt da die
Zeit.

Da waren sie endlich Roland, Silvio, Uwe und Ingo
alle hatten sie auf mich gewartet. Ich freute mich
so sie zu sehen und Roland hatte sich schon solche
Sorgen gemacht, aber das war nun vorbei, denn
ich war jetzt da. Ich erklärte, dass ich seit dem 23.
Kilometer nur noch gehen würde und dass ich
mich damit besser fühlen würde. Ich konnte aber
leider nicht mehr anhalten was ich bei den anderen
Stopps gemacht hatte, aber nun wollte ich nicht
mehr, ich wollte ins Ziel. Hier langen wieder die
roten Matten über die Strasse, wo unsere letzte
Zwischenzeit gemessen wurde.

Nicht lange ist es her das, dass Schild 30 Kilometer vor mir war und nun ist der nächste hinter mir. Ich habe keine Lust mehr, überhaupt nicht mehr. Ich weiß aus Erzählungen, dass ich diesem Gefühl nicht nachgeben darf. Nicht stehen bleiben und keine Sekunde des Zweifelns ist erlaubt. Jetzt ist der Punkt wo Härte gegen sich selbst gefragt ist. Ich hatte mir für diesen Zeitpunkt in meine Gürteltasche eine kleine Ration Gel eingesteckt.

Aber ich konnte sie nicht zu mir nehmen. Auch
wenn ich wollte, meine Finger waren sehr steif,
aber ich hatte auch kein Appetit, oder gar Hunger.
Auch hatte ich noch einen Riegel und
Traubenzucker drin, aber ich konnte nicht.

Kilometer 32

Mechanisch trabe ich langsam vor mich hin. Alles geht von alleine, Fuß heben und senken, linker Fuß vor und rechter Fuß vor. Immer wieder und wieder. Nur Laufen, nichts nur Laufen.
Wir bogen auf den Kurfürsten Damm ein und dort wo man es am meisten erwartet hatte war es etwas still. Sicherlich waren dort noch Menschen, aber die wenigsten klatschten uns zu. Einige Kommentare von Männern wie „da würde ich auch mit Laufen anfangen", „die zwei heißen Bienen" oder „ kann ich bei euch in die Mitte ?".
Das war ja mal ganz lustig, aber ich war zufrieden dass wir den Kufürstendamm verließen, den nun hatte es auch wieder leicht angefangen zu nieseln.

Kilometer 33

Wir kamen an der Gedächtniskirche vorbei, wo wir den 33. Kilometer passierten. Es standen zwei Kinder am Straßenrand und hatten ein Schild in der Hand, auf den Stand „Papi du schafft es", wie bewegend es ist. Hoffentlich weiß das auch der Papa.Hurra, bald haben wir es geschafft, aber der Regen wurde stärker und wir hatten kaum noch Kraft.

Kilometer 34

Den Verfall meines Körpers hatte ich nun überwunden, mir ging es wieder erstaunlich gut. Das musste also der Mann mit dem Hammer gewesen sein. Jetzt war ich auf dem Weg ins Ziel, ich konnte es jetzt genießen.

Wir bogen in die Tauenzienstrasse ein, wo uns eine schlichte Hauptstrasse erwartete. Wie unangenehmen, eine breite Strasse, Wind und Regen und dann sieht sich solche Strasse ins unendliche.

Aber auch das vergeht. Ich habe mir im Vorfeld des Marathon ein Lied zurecht gelegt „La le lu 42 Kilometer vergehen im Nu, wenn ich fleißig vorwärts gehe komm ich ins Ziel", dass viel mir gerade wieder ein und so erreichen wir Kilometer 35 wo der nächste Verpflegungsstand auf uns wartete.

Kilometer 35

Die Männer von Der Bundeswehr waren dabei ihren Stand abzubauen, aber sie hatten noch warmen Tee. Hoch sollen sie leben, die haben wirklich für uns warmen Tee aufgehoben.

Der Regen war in der Zeit noch etwas stärker geworden, im normal Fall hätte man jetzt den Regenschirm aufgemacht, aber wir waren ja nicht normal bei dem Wetter einen Marathon oder Marathon selbst zu laufen.

Wir bogen ab in die Potsdamer Strasse wo noch wirklich Menschen warteten. Ja nach fünf Stunden waren noch Menschen auf dem Bürgersteig die ein Pavillon aufgestellt hatten sich mit Cafe und Musik die Zeit vertrieben. Sie klatschten und Pfiffen auf ihren Pfeifen und halfen uns vorwärts.
Sie hatten ein großes Grammophon aufgestellt und göttliche Musik erklag aus dem Trichter. Wir nickten und lächelten ihnen zu, reden konnten wir nicht mehr, aber wir versuchten zu klatschen.

Kilometer 36
So erreichten wir Kilometer 36. Wir überquerten den Potsdamer Platz und auch dort hatte ich auch noch wenigstens ein paar Menschen erwartet, aber auch dort wie auf dem Kufürstendamm waren keine Menschen. Sicherlich waren einige Passanten wo auch der eine oder andere Klatschte, aber auch zu verstehen bei dem Regen der nun noch doller wurde und der Zeit die bisher vergangen war.
Will den dass gar kein Ende nehmen?

Kilometer 37

Kilometer 37 und der nächste Verpflegungspunkt wieder ein Becher Wasser. Die Französin meinte, dass sie noch einmal auf Toilette müsse, aber ich konnte nicht warten. Müde setzte ich mich in Bewegung und versuchte meinen Schritt wieder zu bekommen.

Ich wünschte ihr noch einen guten Lauf und alles Gute, dass Ziel ist nicht mehr weit sie würde es schaffen.

Wir winkten und lächelten uns zu.

Und wieder war ich dem Ziel ein Stück näher.

Kilometer 38

Sah ich gelbe Jacken, ja da waren sie wieder und alle vier. Welche Freude, alle warteten im strömenden Regen auf mich. Der Regen war so stark geworden das es mir vom Kopf runter lief, welch ein harter Marathon. Aber trotzdem standen sie da und warteten auf mich, wie schön.

Ingo lief an meiner Seite und meinte, dass ich mit dem Gehen schneller bin, als wenn ich laufe. Welche Ironie, es war auch besser und ich hatte keine Schmerzen.
Roland filmte mich und Silvio und Uwe machten Fotos. Ein kurzer Plausch und weiter ich wollte und konnte jetzt nicht mehr anhalten.

Vorbei am Gendarmenmarkt und an der Disco im Hilton, dass waren noch Zeiten wo ich dort zur Disco gegangen war, aber jetzt hatte ich mehr als Nächte lang um die Häuser zu ziehen.
Ich konnte mir einen Traum erfüllen.
Und ich war kurz davor mir diesen zu erfüllen.
Jetzt war das Ziel schon so nahe und bald würde ich dort einlaufen.
Der letzte Versorgungspunkt war zu sehen, jetzt waren keine Passanten mehr da, jetzt war ich ganz alleine mit mir und mein Körper. Noch ein Becher Wasser und dann auf um den Palast rum. Warum hatten sie hier keinen Tee, ich konnte meinen Körper nicht mehr fühlen.

Kilometer 39
Liebe Zuschauer last mich doch jetzt in Ruhe bis hier reicht doch die Leistung ich bin so Müde.
Meine Haltung war nicht mehr normal dachte ich, gekrümmt und mit dicken Händen
Endlos lang war es bis ich um den Palast bog.
Kälte, Müdigkeit und Durst auf warmen Tee.
Meine Beine wiegen Tonnen. Ich bin erschöpft.
Waren das meine Beine die schmerzten?
Mein Gehirn sendete mir ein Signal, aber von wo kam der Schmerz?
Gut ich habe Schmerzen, meine Hände waren so geschwollen und nun? Weiter lass dich nicht

einsalben, lauf Mädchen lauf du bist dem Ziel zu Nahe um aufzugeben. Ob die Französin schon hinter mir war? Oder in der Nähe ? Ich konnte nicht mehr, ich wollte nur schlafen und ausruhen. War ich schon wieder mit mir im Gespräch? Wenn ich ins Ziel komme, dann beglückwünsche ich mich bestimmt selbst und wenn laut, bringen sie mich gleich weg.

Ich rannte hinter dem Palast der Republik auf den Spandauer Damm entlang und hoffte das die anderen Läufer, die schon auf den Rückweg waren, mir noch ein bisschen Platz ließen um ins Ziel zu kommen.

Kilometer 40

Dann bog ich um den Palast rum und ich lief am neuen Hotel entlang, der 40. Kilometer war geschafft, der Rest war ein Witz.

Ich hatte gehört das sich die letzten zwei Kilometer bis zur Ziel Überquerung unendlich lange sich hin ziehen würde, ich war auf alles gefasst.

Was mir wohl jetzt noch alles passieren würde und würden alle auf mich warten?

Ich lief den Lauf meines Lebens und das Ziel kam näher.

Kilometer 41

Wenn ich ins Ziel laufe, könne ich bestimmt keinen Schritt mehr gehen, dachte ich. Ich beginne alle zu genießen, auch die Schmerzen. Das Gefühl der Kraft ist zurückgekehrt.

Der Geruch, ob ich anhalten sollte und mir eine Currywurst holen sollte, ich hatte solchen Hunger. Es roch so lecker und ich sah wo der Duft her kam. Ich lief die Brücke hinunter und ich glaubte meinen Augen nicht zu trauen.

Es waren noch so viele Menschen da und alles voller gelben Jacken, ich war völlig überwältigt. Mir kamen die Tränen (und jetzt weine ich sogar, wenn ich das aufschreibe) und ich weinte, ich war mein Traum noch ein Stück näher gekommen und die Menschen wollte daran teilhaben.

(Etwas ist seit diesen Lauf passiert, ich hatte den Glauben an die Menschen verloren und seit dem ich dort entlang 42,195 Kilometer gelaufen bin, ist es anders).

Kilometer 42

Ich bin beflügelt, alles bewegt sich von alleine, ich hatte noch Kräfte in mir von denen ich keine Ahnung hatte. Es war unglaublich, ich war wie neugeboren. Weit entfernt hörte ich die Lautsprecher, die Namen der neuen Marathonis aufrief.

Ein paar Läufer waren hinter mir, aber vor mir
war keiner mehr und ich konnte die ganze Strecke
bis zum Brandenburger Tor sehen.
Der Ordner lächelte mich an und winkte mich auf
die linke Seite auf die Strasse unter den Linden.
Die andere Seite war auch abgesperrt, aber ich lief
ort entlang wo der Ordners es mir zeigte. Etwas
später wusste ich warum, alle Zuschauer hatten
sich auf die linke Seite hin gestellt und die Ordner
auch. Die Ordner klatschten und jubelten, sie
hatten die Triller Pfeifen und es war laut, aber
schön laut.
Die Passanten füllten die Reihen und da ich
langsam lief konnte ich sehen das auch Läufer
dabei waren die schon das Ziel erreicht hatten, sie
hatten ihre Medaillen um.
Da war es vorbei mit mir, es war um mich
geschehen.
„Jetzt bin ich auch ein Marathoni !!!“ Schrie ich
ihnen zu,
ich erntete brausenden Beifall und alle lachten
laut.
Sie jubelten mir zu, und schrieen „Willkommen im
Club“.
Man was für ein tolles Gefühl, wenn mich jemand
nach Glück und Erfüllung fragt, dann ist es das.
Überall wo ich hin schaute lächelten mich die
Leute an, sie standen über sechs Stunden in der
Kälte und lächelten mich an.

Danke, dass ich das erleben dürfte.
Ich hatte mit Joggen wieder angefangen und
darauf bekam ich noch mehr tosenden Beifall, die
Berliner waren doch traumhaft.
Langsam kam ich den Brandenburger Tor näher.
Die Menschen wurden immer mehr, immer mehr
Menschen standen am Straßenrand und riefen und
klatschten.
Jetzt lief ich durch das Brandenburger Tor
hindurch,
ich hatte es geschafft, ja wirklich ich hatte es
geschafft.
Ich sehe das große Marathontor, durch das ich
gleich laufen würde.
Meine Hände wollte ich zur Faust formen und
meine Arme nach oben strecken, was ich aber
schaffte war meine Finger in Richtung Faust zu
formen und das war es auch. Sie waren so dick
und blau angeschwollen, dass ich sie nicht mehr
krümmen konnte. Und die Arme, was war mit
meinen Armen geschehen? Ich versuchte sie nach
oben zu strecken, aber es war nicht möglich. Sie
kamen etwas höher als über die Schultern, ich
merkte jeden einzelnen Muskel in meinen Körper
und es war ein schönes Gefühl.
Ich war völlig außer mir ich war auf dem Weg zur
Erfüllung meines Traums.
Ich hörte nichts und sah nur Menschenmassen,
alle standen und lachten.

*Dann hörte ich wie aus weiter Ferne das jemand
mein Namen rief*

*„Manuela", ich drehte mich dort hin wo ich
meinen Namen vernommen hatte. Dort standen
meine Nachbarn Magrit und Lother, Olaf und
Kathrin, Olaf der wie ich später erfahren hatte um
die vier Stunden gelaufen war.*

*Alle standen seit über sechs Stunden und jetzt
hatten sie nur noch auf mich gewartet.*

*Ich fiel ihnen alle in die Arme und drückte sie alle,
alle hatten an mich geglaubt und dann liefen
wieder die Tränen.*

*Ich lachte aus vollen Herzen und in meine Augen
waren Tränen, ich war so glücklich.*

*Dann überreichte mir Magrit eine Urkunde, sie
hatten sie an ein Band gemacht das sie mir über
meinem Kopf streiften und mit der Urkunde
beglückwünschten sie mich zu meinen ersten
Marathon Debüt.*

*Also wusste sie es schon vorher dass ich es
schaffen würde.*
*„Los jetzt ins Ziel" riefen sie, ich wollte mich gar
nicht los reißen.*
*(Später sagten sie, dass sie gedacht hatten, dass ich
wie im Trance war.)*
*Ich dachte eigentlich nicht, aber im nachhinein
denke ich ja, dass war ich.*
*Ich winkte ihnen zu und machte mich auf zum
Finishen, ich konnte es nicht glauben.*

Ich renne auf das Ziel zu. Der Sprecher ruft
meinen Namen und sagt „auch Manuela Scholz
hat gerade ihren ersten Marathon geschafft,
Herzlichen Glückwunsch!"
Ein paar Schritte und ich würde die Ziellinie
überqueren.
Ich lief los und ich war im völligen Rausch.
Runners High pur, ich riss die Arme in die Höhe
und schrie,
ich schrie wie in meinen Leben nie zuvor.

Ich hatte es geschafft, ich hatte mir meinen Traum erfüllt,
ich kann also alles schaffen.
Ich wollte die Welt umarmen, alle wollte ich umarmen
und mit ihnen mein Glück teilen.

Kurz vor dem Ziel stand Asterix, ein Mann der sich verkleidet hatte.
Wir klatschten uns ab ich lief ins Ziel.
Ein letztes Mal lief ich über die roten Matten, mit dem vertrauten piepsenden Geräusch.

Da stand ich nun und wusste nicht was ich machen sollte. Ich hatte es geschafft und nun war es schon vorbei. Das kann doch nicht alles gewesen sein, dachte ich mir.

Alle gaben mir die Hand du beglückwünschten mich zu meiner Leistung zum Erreichen des Ziel, des Marathon.
Eine Frau streifte mir meine ersehnte Medaille über, nun war ich offiziell ein MARATHONI – ich war ein Marathon Läufer.

Ich habe eine Leistung erbracht die nur wenige erbringen können, der der es heute geschafft hat ist ein Sieger.

Ich lief weiter und bekam sofort eine Decke die mich wärmen sollte und weiter ging ich. Am nächsten Stand bekam ich etwas zu essen und zu trinken, leckeren warmen Tee.

Leider konnte ich meine Hände kaum noch bewegen und so konnte ich nur ein wenig Tee schlürfen.

Weiter stapfte ich vorwärts, und bekam am nächsten Stand zwei Flaschen Iso-Getränke, aber ich hatte die Hände voll und wie sollte ich das auch noch nehmen und war Roland?

Die junge Frau lächelte und meinte, dass sie mir helfen würde. Sie nahm mir alles ab und knotete mir die Plane zu, somit hatte ich meine dicken fetten Hände frei. Anschließend gab sie mir wieder alles in die Hände und weiter ging ich Richtung Ausgang.

Wo war Roland?

Ich stand alleine da und immer noch liefen mir die Tränen.

Ein Ordner fragte mich ob sie mir helfen könne und ich meinte dann „ ich sehe wohl ganz schön desorientiert aus „ Wieder ein Lächeln, nein das nicht aber sie meinte dass ich gerade ein Marathon gelaufen sei und das es normal sei dann Hilfe anzubieten.

Ich fragte sie etwas verlegen ob es möglich sei das sie mir mein Handy aus der Gürteltasche holen könne, auch das tat sie mit einen Lächeln und wünschte mir noch ein schönen Sonntag und gute Erholung.

Weiter ging ich Richtung Kleider LKW, hatte ich nicht gerade gefragt in welche Richtung ich laufen müsste? Bestimmt, aber ich hatte die Antwort vergessen. Ich fragte wieder und bewegte mich in die Richtung.

Endlich hatte ich Roland an der anderen Seite „Wo seid ihr?" fragte ich?

Wir sind auf den Weg zu dir, meinte Roland und sagte mir nochmals wie die Nummer des LKW war.

Das war doch nicht zu glauben, mir liefen noch immer die Tränen das Gesicht runter.

Ich konnte nicht aufhören zu weinen.

Ich hatte mein Ziel erreicht.

Ich hatte es geschafft.

Acht harte Monate Training, bis zur Selbstaufgabe.

Verzweiflung, Erneuerung, Kampf, Schmerzen und doch Glauben an die Kraft die in jeden Menschen steckt, dass unmögliche zum Möglichen zu machen.

Wie ich so lief sah ich all die Menschen, aber ich konnte keinen klaren Gedanken mehr fassen, nur ich hatte es geschafft.

Ich hörte nicht einmal dass hinter mir ein LKW der Bundeswehr war. Der junge Soldat sprach mich höflich an ob es ok wäre, wenn sie an mir vorbei fuhren. Man ich hatte das nicht gemerkt, natürlich meinte ich.

Und weiter lief ich, irgendwo ist doch mein LKW, oder ob er nicht mehr da stehen würde, doch bestimmt.

Dort waren sie, Roland und Ingo sah ich schon von weiten und da kamen auch zwei Mädchen mit einem Kleidersack in der Hand. Ja die Nummer stimmt überein, sagte die Mädchen und reichten mir meinen Kleidersack. Das ist ja ein Service, meinte ich und bedankte mich bei ihnen. Das ist der letzte sagten sie lachen und beglückwünschten mich.

Jetzt waren auch Roland und Ingo vor mir, ich habe es geschafft schrie ich. Ich fiel Roland in den Arm und wir freuten uns.
Es war so schön Roland zu sehen.
Ich drückte Ingo und wir gingen alle Richtung Ausgang, dort standen Silvio und Uwe. Ich umarmte alle, ich freute mich so sehr und noch immer liefen mir die Tränen runter.
Aber nun wollte ich mich umziehen, aber wo?
Ich fragte einen Ordner und der meinte das ich wieder in den Umzäunten bereich müsse, dort wo wir gerade her kamen. Ich bat ihn dass wir wieder

rein dürften, weil doch meine Finger so steif
waren.
Eigentlich nicht, meinte der Ordner, aber dann
machte er eine Ausnahme. So ging ich mit Roland
zum DRK Zelt und fragte ob ich mich dort
vielleicht umziehen könne. Sie stimmten zu und ich
zog mich dort um, mit Rolands Hilfe.
Überall waren nette freundliche Menschen die sich
um mich kümmerten und mir ging es gut. Als ich
mich im DRK Zelt hinsetzte, spürte ich mein
Rücken. Ein stechender Schmerz breitet sich kurz
im Rücken aus und dann war es auch wieder
vorbei.
Ansonsten ging es mir echt gut. Sicherlich taten
mir die Füße weh, aber so dass ich einen
Marathon gelaufen war – Nein.
Anschließend gingen wir zum S-Bahnhof
Friedrichstrasse, dort wo ich vor acht Stunden
angekommen war, nervös voller Angst, mit wenig
Selbstvertrauen und Zweifel. Jetzt war es genau
das Gegenteil, ich lief auch nicht ich schwebte und
das Leben war so schön.
Auf dem Bahnhof verabschiedete sich Ingo von
mir, weil er in die andere Richtung fuhr und nach
Hause musste. Ich bedankte mich und nahm mit
Roland und Silvio die nächste Bahn zur
Schönhauser Allee.

*Dort angekommen lief ich zum Currywurst Stand,
ich wollte eine Wurst essen. Die aß ich so schnell,
dass ich mir fürchterlich den Gaumen verbrannte.
Und trotzdem musste ich die ganze Zeit lachen.
Wenn mich jemand fragt was ich für Schmerzen
hatte nach dem Marathon, dann nur das ich mir
den Gaumen verbrannt hatte und mir die
Gesichtsmuskeln eine Woche schmerzten, weil ich
dauernd lachen musste.*

*Anschleißend fuhren wir mit dem Taxi nach
Hause, weil wir am Morgen mit Uwes Auto
hingefahren waren und nun kein Auto hatten.
Endlich zu Hause angekommen, im Taxi war mein
Körper kurz in sich zusammen gefallen und ich
dachte ich würde kein Schritt mehr laufen können,
aber kurz danach ging es mir besser und ich war
glücklich nach Hause zu kommen.*

*Langsam lief ich mich in die Wanne gleiten und
genoss das warme Wasser. Meine Muskeln lösten
sich langsam und ich spürte keinen Schmerz,
außer in meinen Händen, diese Schmerzten beim
Eintauchen in das warme Wasser.*

*So entspannte ich mich und war nach zehn
Minuten war ich fit, für die nächste
Herausforderung.*

*Schnell kuschelte ich mich auf das Sofa und
schaute mit Roland mir den Marathon vom Video
an.*

Dort sah ich auch für einen kurzen Augenblick Olaf der durch das Bild lief.
Da saß ich nun und schaute mir den Lauf an, mit der Gewissheit dass ich es selber geschafft hatte.

Mir liefen die Tränen und auch hier konnte ich ihnen kein Einhalt gebieten. Ach was soll es dachte ich und freute mich an meinen Empfindungen.

Das blieb noch über eine Woche so, jedes mal wenn ich jemand davon etwas erzählte oder die Bilder des Marathon sah, weinte ich so überwältigt war ich von meiner Leistung und das für mich Übermenschliche was ich geschaffen hatte.

Mache das Unmögliche zum Möglichen!!!

Es war eine abenteuerliche Herausforderung, ich musste mich gut und ausreichend darauf vorbereiten. Das Vorhaben hat mich an die Grenzen meiner persönlichen Leistungsfähigkeit gebracht und ein Stück darüber hinaus. Nicht nur aus körperlicher Sicht, sondern auch aus mentaler Sicht hat es mich reifen lassen. Ich wusste nicht vorher wie schwer es werden kann, dass Training so zu gestalten das es ausreichende Vorbereitung für einen Marathon zu gestalten. Ich wusste nicht wie viel Zeit das Training braucht und wie sehr das Umfeld darunter leidet, aber jetzt nachdem ich

entspannt zurück schauen kann und ein Monat später schon wieder ein Halbmarathon gelaufen bin, bin ich am Überlegen ob ich nicht noch mal den Berlin Marathon laufen werde.
Es war ein überwältigendes Erlebnis.

Manuela Scholz

geboren am 17.10.1970 in Berlin

Diplom - Betriebswirtin